法統相続とは

法統《ほっとう》相続とは、日蓮正宗の信仰を、子や孫へ、さらに曾孫《ひまご》へと受け継がせています。この法統相続は、親の成仏はもとより、わが子が幸福な人生を歩むためには孫・曾孫の幸福と子孫の繁栄のためにもきわめて大切なことです。

■あなたは、子供に何を望みますか

世の中には、財産、名誉、地位などを得ることが幸福であると考え、わが子にも同様のものを求めさせようとする親も少なくないようです。しかしそれでは、願うような財産や地位などが得られなかった場合、子供が自分を人生の落伍者であるかのように悲観したり、生きる目的を失うことにもなりかねません。

たとえ望みどおりに、財産や栄誉などを得たとしても、病魔に冒《おか》されたり、不慮の災難に遭ったならば、その充足感も長く続くことはありません。また、せっかく手にした財産や地

位なども、いつ、どのような理由で失うか、誰にもわかりません。親はもとより、子供や孫などにとっても、人生はまさに「一寸先は闇」なのです。

日蓮大聖人の南無妙法蓮華経は、

「祈りのかな《叶》はぬ事はあるべからず」

（祈祷抄・御書六三〇ページ）

と仰せられ、

「わざはひも転じて幸《さいわ》ひとなる」

（経王殿御返事・同六八五ページ）

と示されているとおり、人を幸福に導く仏法なのです。つまり、この妙法を信ずる人は、幸・不幸・悲・喜こもごもの人生を歩むなかで、あらゆる願いや望みを叶え、またたとえ、どのような困難なことが起こっても敢然と乗り越えて、まちがいなく真の幸福を得ることができるのです。

子供や孫などの真実の幸せを願うならば、この南無妙法蓮華経を受け継がせることを最優先し、それに努めるべきです。

■誤った宗教は、必ず不幸に

末法の御本仏日蓮大聖人の教えに背くことを謗法《ほうぼう》と言います。

謗法の教えを信ずる人たちが、最終的にどのような姿になるのか、大聖人は『立正安国論』に仁王経を引かれて、次のように教えられています。

「親孝行の子供に恵まれず、常に親子・兄弟・親戚がいがみあう。諸天善神の加護が受けられず、悪い流行病にかかり、誤った宗教や思想に惑《まど》わされる。奇怪な事件や災いが襲いかかり、常に生活がおびやかされる。死後は苦しみの地獄、飢渇《けかち》の餓鬼《がき》、また互いに殺し合う畜生などの境界に堕ちる。やっと人間に生まれても、兵士として戦場にかり出されたり、奴隷となって酷使《こくし》されることになる」（御書二四九ジペー取意）

このように、邪宗謗法の害毒は、人々の現在と未来にきわめて深刻な影響を与えるのです。しかも、大聖人が『盂蘭盆《うらぼん》御書』に、

「我が身に其《そ》の苦をうくるのみならず、子と孫と末七代までもかゝり候ひけるなり」
（同一三七七㌻）

と仰せのように、自分だけが大苦悩を受けるだけではなく、子供、孫、曾孫なども過酷な苦しみを受けるのです。

あくまで正しい信仰によってのみ、人生のあらゆる苦難を乗り越え、本当の幸せを掴《つか》むことができるのですから、私たちは、わが子が妙法の信心を貫くことができるよう、法統相続に積極的に努めましょう。

■親子のつながり

親と子は、それぞれ一個の人間でありながら、不思議な結びつきで、固く、強くつながっています。そのことを、大聖人は、

「わが頭は父母の頭、わが足は父母の足、わが十指は父母の十指、わが口は父母の口である。たとえるならば、種子と果実と身と影のようなものである」
（忘持経事・御書九五八㌻取意）

と仰せられています。また『光日房御書』には、

「親は悪人であっても、子供が善人であれば親の罪を赦《ゆる》すこともある。また子が悪人であっても、親が善人であれば子の罪が赦されることもある」（同九六三ページ取意）

とご教示されています。このように親子の因縁は、実に深いのです。

私たちは、他人であっても、苦しみ悩んでいる姿を目にすれば、決して心穏やかではいられません。ましてや、親が苦悩しているのに子供は幸福を感じている、ということはあり得ません。また、子供が不幸な境遇にいるのに、親は幸せを満喫している、ということもあり得ません。親の幸福は子供の幸福であり、子の幸福は親の幸福であって、決して別ではないのです。

したがって、親子共ども正しい信仰に励み、一緒に幸せになってこそ、大聖人が、

「父母の成仏は即《すなわ》ち子の成仏なり。子の成仏は即ち父母の成仏なり」（御講聞書・同一八二五ページ）

とご教示のように、妙法の大功徳によって、親も子も喜びに満ちた人生を歩むことができるのです。

法統相続の功徳

大聖人は『妙法尼御前御返事』に、

「先《ま》づ臨終《りんじゅう》の事を習ふて後に他事を習ふべし」（御書一四八二㌻）

と仰せられています。このように重大な、みずからの臨終においても、法統相続は実に大きな意味を持っています。心地観経《しんじかんぎょう》には、

「追って福を修するによって、大光明《こうみょう》が地獄を照らし、その父母に信心を発《おこ》させる」

とあり、残された子が、正しい仏法によって亡くなった父母の追善供養をするならば、たとえ地獄に堕ちたとしても、子の供養が大光明となって、父母をその苦しみから救うことができると説かれています。

大聖人は『経王御前御書』に、

「現世には跡をつぐべき孝子《こうし》なり。後生《ごしょう》には又導かれて仏にならせ給ふべし」

（御書六三五㌻）

と仰せられています。信心をしっかりと受け継いだ子供は、親の追善供養をきちんと行っ

て、成仏に導いてくれます。しかし、法統相続がなされず、本宗の信仰が絶えてしまったならば、子や孫に正しい追善供養を望むことはできません。

第六十六世日達上人は、

「我々が一生懸命に信心しておって法統相続させ、子供たちも共にこの信心をさせたならば、我々は死ねば勿論、常寂光《じょうじゃっこう》の世界であるが、そのお骨は必ず子供が、この御本尊様のもとへ届けてくれるのである。だからどうしても、信心を子供に継がせて、家もだんだんと法統相続させていかなければならない」

（日達上人全集一―二―四二一㌻）

とご指南されています。私たちはみずからの死後を思い、自身の人生を憂《うれ》いなく歩むためにも、常に本宗の信心の大切さを子供に教えていきましょう。

■幼い時から一緒に信心を

わが家の法統相続をするためには、何が大切でしょう。時折、子供の自由にまかせる放任主義のような親を見かけます。放任とは、成り行きに任せること、放っておくことですから、親の役目を放棄することを意味します。放任主義で育てられた子供は、自由に成長するかもしれませんが、人間としての心ある振る舞いなどを身につけることはできません。

子供の能力を正しく伸ばすためにも、まず、信心を教えることが大切です。そのためには、親が強い信心をもって模範を示すことです。子供はそこから、おのずと正しい信心の在り方を学び、日々の修行を習慣として身につけることができるのです。

具体的には、子供が幼い時は親の膝《ひざ》の上に乗せて勤行をし、成長するにしたがって、横に座らせるようにすることが大切です。子供が言葉を話せるようになったら一緒に勤行を行い、少しずつ勤行の仕方を覚えさせましょう。「うちの子はまだ小さいから、もう少し大き

くなってからにしよう」などと思っていると、いつの間にか時期を逃してしまうものです。早い時期から毎日、勤行・唱題を共に実践することによって、子供はその大切さと、御本尊の偉大な功徳を感じていくものです。

また、お供え物や樒《しきみ》の水の交換など、御本尊のお給仕も一緒にするように心がけ、御本尊を敬う心を教えましょう。寺院参詣や総本山への登山にも子供を連れていき、家族そろって信心を根本とした生活を送ることが大事です。

子供が成長してから信心を始めた家庭でも、できるだけ朝夕の勤行を家族そろって行い、勤行後に元気よく挨拶を交わして、大聖人の御書をみんなで拝読するようにしたいものです。

御法主日如上人が、

「何よりも、この御本尊をしっかりと信じていく。朝夕の勤行を一緒にして、一緒に親子が題目を唱え、そしてお寺に通い、少年部の活動等に参加させて、しっかりやっていくと、自然にいわゆる菩提《ぼだい》の心、仏道を求める心、幸せを求める心、悟りを求める心が生まれてくるのです」（功徳要文御講義一一ジ《ペー》）

とご指南されているように、子供と一緒に信心修行を実践していくことこそ、法統相続の要《よう》諦《てい》であると心得て、家族そろって信心に励んでまいりましょう。

一家和楽の信心を

法統相続のためには、家族で積極的に信心の話をすることも大切です。折に触れて、御本尊の功徳や信心即生活ということについて、また「御法主上人のご指南や御住職のご指導を受けて、今後、どのようにしていくべきか」「未入信の方を、どうやって折伏していくか」ということなど、信心の大切な事柄について、家族で話し合ってみましょう。『妙教』や『大白法』などを読み合わせるのも、効果的です。家族同士が、お互いの考えを確認していくことによって、次第に信心に対する考えや認識が一つになり、協力して修行に取り組める一家和楽の信心と、子供への法統相続がかなっていくのです。

どのような理由にせよ、法統相続をしないのは、子供が誤った信仰によって不幸になってもかまわない、ということと同じであり、これほど無慈悲なことはありません。

第九世日有上人は『化儀抄』に、

「謗法の妻子眷属《けんぞく》をば連々教化すべし（中略）折伏せざる時は同罪たる条分明《ふんみょう》なり」

（改訂版聖典一二一二㌻）

日顕上人ご指南

「親が子供に対して、いったい何を贈るのか。もちろん色々なものを整え、様々な資具、あるいは勉学の機会を与え、資金を与えて成長を期することでしょう。しかし、それでどうなるかといえば、『あんな親不孝な子供になるのであれば、今まで面倒を見るのではなかった』というような後悔を持っている親もいるということを時々、聞くのであります。

親が本当に子供の幸福を思うならば、大聖人様の仏法の信心を、命を懸けて教えていくということが一番に大切だと思うのであります。これをおろそかにしている人が、わりに多いように思います。背いておる子供、孫の姿、これは全部、自分の信心の姿を表しておるのであるということを深く考えられるならば、この一瞬から本当に御祈念をされることが大切であります」

（大日蓮・平成17年5月号58ページ）

「親は法華宗なれども子は法華宗に成るべからずと云う者あり、其《そ》の時は子に中《なか》を違《たが》うなり」（同一二〇五ページ）

と仰せられ、未入信の家族を折伏しなければ与同罪《よどうざい》となること、また子供が信心を受け継がないならば親子の縁を切るべきである、とまで厳しく誡《いまし》められています。

もとより、大聖人が『上野殿後家尼御返事』に、

「法華経をはなる《離》ゝならば、たゞいつも地獄なるべし」

（御書三三六ページ）

と仰せられ、御本尊のことを忘

れ、心が離れてしまうならば、ただいつも地獄の苦悩に沈むことになる、と強く誡められているのです。このお言葉からも、なんとしても、子供や孫に正しい信心を受け継がせるように努めていかなければならないのです。

日蓮正宗の信仰をしていながら、「日蓮正宗の信心をするか、どうかは、子供が成人したら本人の判断にまかせる」「子供の嫁ぎ先は別の宗教があるから、強《し》いて信心をさせようとは思わない」などと言う人がいますが、親として子供の幸せを願うほど、法統相続を最優先すべきです。男女を問わず、小さいうちから正しい信心を教え、導いていく、この心構えを決して忘れないようにしたいものです。

私たちは、自身の成仏はもとより、子供の幸せを真に願い、きちんと法統相続をして、共どもに広宣流布に向かって着実な歩みを進めてまいりましょう。

信心修行の基本(3)

法統相続

――子や孫の幸福のために――

令和三年九月十二日 初版発行
令和四年五月二十八日 第四刷発行

編集
発行 株式会社 大日蓮出版

ISBN978-4-910458-04-5

9784910458045
ISBN978-4-910458-04-5
C0015 ￥145 E

1920015001450
定 価　160 円
（本体 145 円）⑩
大日蓮出版